战国四公子

◎ 主编 金开诚

◎ 编著 王恧英

吉林文史出版社

吉林出版集团有限责任公司

图书在版编目（CIP）数据

战国四公子 / 王德英编著. —长春：
吉林出版集团有限责任公司：吉林文史出版社，2010.11（2023.4重印）
ISBN 978-7-5463-4121-7

Ⅰ．①战… Ⅱ．①王… Ⅲ．①历史人物－生平事迹－
中国－战国时代 Ⅳ．①K820.31

中国版本图书馆CIP数据核字(2010)第222268号

战国四公子

ZHANGUO SIGONGZI

主编/ 金开诚 编著/王德英
项目负责/崔博华 责任编辑/崔博华 刘姝君
责任校对/刘姝君 装帧设计/柳甬泽 王丽洁
出版发行/吉林出版集团有限责任公司 吉林文史出版社
地址/长春市福祉大路5788号 邮编/130000
印刷/天津市天玺印务有限公司
版次/2010年11月第1版 印次/2023年4月第6次印刷
开本/660mm×915mm 1/16
印张/9 字数/30千
书号/ISBN 978-7-5463-4121-7
定价/34.80元

前 言

　　文化是一种社会现象，是人类物质文明和精神文明有机融合的产物；同时又是一种历史现象，是社会的历史沉积。当今世界，随着经济全球化进程的加快，人们也越来越重视本民族的文化。我们只有加强对本民族文化的继承和创新，才能更好地弘扬民族精神，增强民族凝聚力。历史经验告诉我们，任何一个民族要想屹立于世界民族之林，必须具有自尊、自信、自强的民族意识。文化是维系一个民族生存和发展的强大动力。一个民族的存在依赖文化，文化的解体就是一个民族的消亡。

　　随着我国综合国力的日益强大，广大民众对重塑民族自尊心和自豪感的愿望日益迫切。作为民族大家庭中的一员，将源远流长、博大精深的中国文化继承并传播给广大群众，特别是青年一代，是我们出版人义不容辞的责任。

　　本套丛书是由吉林文史出版社和吉林出版集团有限责任公司组织国内知名专家学者编写的一套旨在传播中华五千年优秀传统文化，提高全民文化修养的大型知识读本。该书在深入挖掘和整理中华优秀传统文化成果的同时，结合社会发展，注入了时代精神。书中优美生动的文字、简明通俗的语言、图文并茂的形式，把中国文化中的物态文化、制度文化、行为文化、精神文化等知识要点全面展示给读者。点点滴滴的文化知识仿佛颗颗繁星，组成了灿烂辉煌的中国文化的天穹。

　　希望本书能为弘扬中华五千年优秀传统文化、增强各民族团结、构建社会主义和谐社会尽一份绵薄之力，也坚信我们的中华民族一定能够早日实现伟大复兴！

目录

一、孟尝君

（一）孟尝君生平

　　孟尝君，战国四公子之一。姓田，名文，他父亲是当时齐国的靖郭君田婴。田婴是齐威王的小儿子，齐宣王同父异母的弟弟。在齐威王当政的时候，田婴就开始帮助父亲处理一些朝廷政事。他曾经和成侯邹忌以及田忌一起带兵攻打魏国，解救韩国。当时，邹忌和田忌都是齐威王的宠臣，在齐威王面前，两人常常争宠邀功。后来，成侯邹忌借机在齐威王面前说田忌的坏话。田忌害怕齐威王相信邹忌的话来迫害他，决定先下手为强。于是，他找机会袭击了齐国的一个边疆小镇，但并没有取得胜利，只好狼狈地逃跑了。不久，齐威王去世，齐宣王继位。齐宣王知道是成侯邹忌诬陷了田忌，又把处于流亡中的田忌招了回来，还把他封为齐国的大将军。齐宣

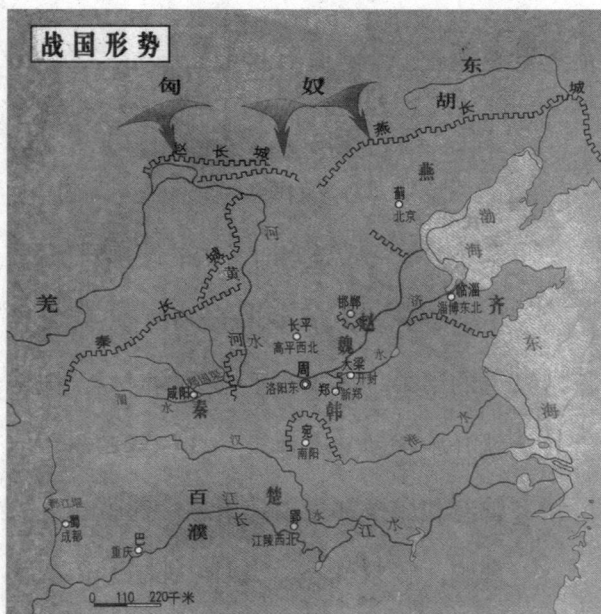

王二年，田婴联合田忌、孙膑，一起攻打魏国，在马陵大败魏军，俘虏了魏国的太子申，杀了魏国的大将庞涓，田婴因此声名显赫。齐宣王七年，田婴出使韩国和魏国，劝服两国国君臣服了齐国。田婴还劝服韩昭侯、魏惠王到齐国东阿的南面与齐宣王见面，并促使他们签订了臣服于齐的盟约。第二年，田婴又在甄地和梁惠王会面。齐宣三九年，政绩卓著的田婴做了齐国的相国。当时，齐宣王和魏襄王在徐州举行了会谈，并且互相承认为王。楚威王听说了这件事以后非常生气，对在其中起到了很大作用

的田婴尤其不满。当年，楚国发动了攻打齐国的战争。第二年，楚国的军队在徐州打败了齐国的军队。楚威王借此威胁齐威王：不罢黜田婴，决不退兵。田婴听说这个消息后，花重金贿赂张丑，让他在楚威王面前帮他说尽好话，才使楚威王打消了这个念头。田婴身居相国之位长达十一年之久，后来，齐宣王故去，齐湣王即位，田婴才离开相国的高位，被封在薛地。

当时，田婴有四十多个儿子，其中有个不得宠的小妾在五月五日生下了一个儿子叫田文。

田婴告诫小妾不要把这个儿子养大。小妾不忍心杀死自己的骨肉，偷偷地抚养着这个孩子。一直到田文长大成人，他的母亲才让他和别的兄弟们一起去见田婴。田婴看到了田文，非常生气地对田文的母亲说："我当初让你把这个孩子扔掉，你为什么没扔掉他反而把他养大了？"听到父亲威严的询问，田文并没有害怕。他先给眼前这个十几年来第

一次见面的父亲叩了一个头，接着反问道："父亲为什么不让在五月生的孩子活下来呢？"田婴回答说："五月生的孩子，等到长到和门口一样高的时候对父母是很不利的。"田文又问他的父亲："人的生命是受制于天，还是会受制于门呢？"田婴无言以对。接着田文又说："如果人的生命是由天来决定的话，我们人力也改变不了什么，父亲又何必担忧呢；如果人的生命是由门来决定的话，我们可

以把门修得高高的，那样的话，谁还能长得和门一样高呢！"田婴无奈地说："算了算了，你什么也别说了。"

又过了一段时间，田文找到父亲田婴，问道："父亲，请问儿子的儿子是什么呢？"田婴回答说："是孙子。"田文又问："孙子的孙子是什么呢？"答说："是玄孙。"田文又问："玄孙的孙子是什么呢？"回答说："那就不知道了。"田文接着说："父亲做齐国的相国，掌管着军国大事，到现在已经经历了三朝，为什么

齐国的土地没有因您的管理而扩大，我们家私人的财富反而越来越多呢；您门下供养很多人，为什么竟找不出一个有本事、有能力的人呢？现在，父亲的妻子姬妾都穿着绫罗绸缎，您的士人却连粗布短衣也穿不上；您的男女用人每天都有吃不完的美味佳肴，您的士人却连糟糠都吃不饱；您只顾用心积攒自己家的谷物、财富，却忘了公家的事情，齐国的国力一日不如一日您都没发现。任何人都不可能永世享有荣华富贵，积累这么多的财富又有什么意义呢!"田婴吃惊地听着儿子的话，心里暗暗认为田文说得对。所以，自此以后，田婴开始重视田文，不仅让他主持家里的大小事务，还让他接待四方来的客人。田文对待客人谦和有礼，因此结交了很多宾客。越来越多的人愿意到田婴家拜访，田文也因此名闻诸侯。很多诸侯王都认为田文有能力，纷纷派人劝说田婴立田文为太子。所以,田婴把家业传给了田文。后来,

田婴故去（被追封为靖郭君），田文继承了父亲的位置，继续掌管薛地，这就是孟尝君。

孟尝君管理薛地，热情好客，招来了许多诸侯的宾客，连一些逃亡的罪犯也都归到了他的门下。对待宾客，孟尝君很少亏待他们。他拿出自己的财产，尽量满足宾客的要求，因此天下的人都喜欢归顺他。渐渐地，他的食客竟达到了几千人之多。这些人不论出身、不分贵贱、

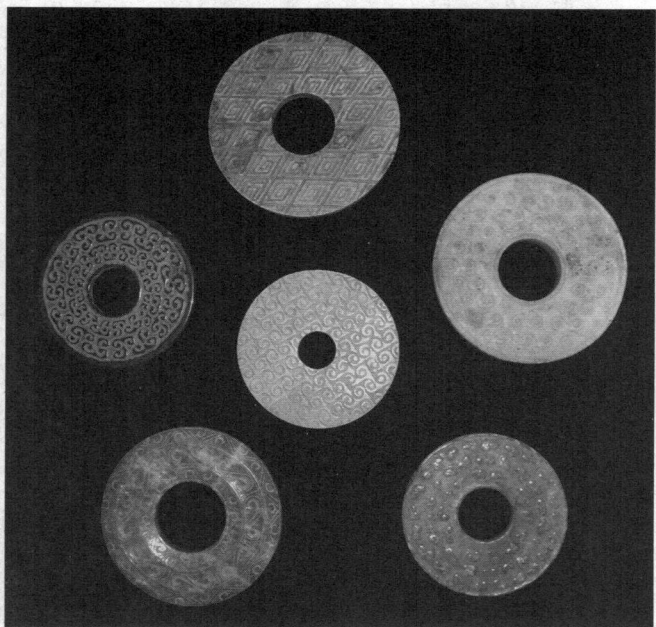

人人平等地生活在孟尝君庑中。孟尝君
和食客说话的时候，会有负责纪录的书
记官坐在屏风后面将他们之间的谈话内
容记录下来，同时记下他们的家庭住址
和家庭成员。所以，每当客人刚刚离去，
孟尝君就已经派人到他家去安抚慰问，
给他的亲戚送东西了。一次，孟尝君招
待他的宾客舍人吃晚饭，有个人背着火
光在暗影里吃。另外一个宾客看到后很
生气，以为孟尝君偏爱那个人，单单给
那个人好东西吃。这个宾客生气地放下
了饭碗，吵嚷着要离开。孟尝君平静地
走到他的面前，把自己的碗端给那个人
看。那个人吃惊地看到孟尝君碗里的饭
菜竟然还没有他的好，为了表示自己的歉

疾，那个人当场自杀了。士人们听说了这件事，都知道孟尝君礼贤下士，纷纷来归顺他。

秦昭王听说了孟尝君的故事，认为他很有能力，想让孟尝君来拜访他。他先派秦国的泾阳君到齐国做人质，希望以此换回孟尝君到秦国造访。孟尝君也想去秦国看看，但宾客们都不太同意。大家都认为去秦国太危险了，可是孟尝君不听大家的劝告。苏代听说了这件事，决定采取迂回的办法劝说孟尝君。他对孟尝君说："今天早晨，我从外面回来，看到了一个木偶人和一个泥偶人在说话。木偶人说：'看，要下雨了。一下雨，你就要被淋化了。'土偶人说：'我是从土里生长出来的，就是我被雨水冲尽，也是再化为泥土，等待新生。可是如果天下雨的话，你将会被流水冲走，不知道冲到哪里去啊。'现在，秦国与齐国实力相当，秦国一向对齐国虎视眈眈，如果您去了的话，一旦不能回来，那还不落得个被土偶人讥笑的下场吗？"孟尝君觉得苏代说得有道理，才放弃了去秦国的打算。

齐滑王二十五年，孟尝君被派到秦国去。孟尝君不能推辞，只好带着舍人来到秦国。开始的时候，秦王认为孟尝君贤达，任命他为秦国的相国。可是有人对秦王说："孟尝君虽然贤明，可毕竟来自于齐国。在处理军国大事时他必然会先想着齐国，然后才想到我们秦国，这样的话，秦国可就危险了。"于是，秦

王把孟尝君囚禁起来，准备杀掉他。孟尝君派人向秦昭王的宠姬求助。这个宠姬说："我想要孟尝君那件白狐狸皮做成的大衣做交换。"孟尝君确实有这样一件由白狐狸皮做成的大衣，价值千金，普天之下只有这一件。可是，在他刚刚到达秦国的时候已经献给秦昭王了。孟尝君很担忧，问宾客们有什么办法，大家都摇着头，无计可施。这时，一个会学狗叫的人主动请缨，半夜爬到秦昭王的仓库偷回了这件大衣，送给了秦王的宠姬。这样，这个宠姬替孟尝君向秦昭王求情，秦王才放了他。孟尝君一被释放，马上逃走，他们伪造了通行证，改变了自己的姓名，一路逃到关口。秦王放了孟尝君后不久就后悔了，立刻派人追赶。这时孟尝君已经逃到了出关口，出关口的规定是鸡鸣时分才能放人出关。孟尝君焦虑万分，担心秦兵追来。幸好他门下有一个会学鸡鸣的人，这个人学了几声鸡叫，周围的鸡也跟着叫了起来，守关的士兵误以为到了时辰，开关把他们放了出去。他们离开出关口大约一顿饭的工夫，秦国的追兵也赶到了出关口。得知孟尝君已经出关的消息，他们只好无奈地返回秦国。起初，孟尝君收留这两个人做宾客的时候，其他的宾客都瞧不起他们，等到孟尝君在秦国遇难，靠他们二人的力量才得以逃出来后，宾客们才对他们俩刮目相看。

齐湣王派孟尝君出使秦国，害他差

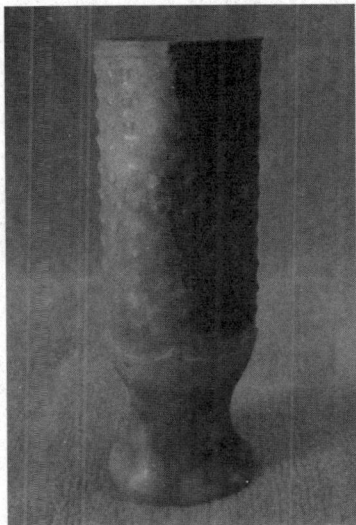

点丢掉了性命,心里感到非常愧疚。所以,孟尝君回来后,齐湣王让他做了齐国的相国,掌管齐国的政事。

孟尝君也因为自己在秦国遇险而记恨秦国,想要与韩国和魏国联合攻打秦国。齐国曾经帮助韩、魏攻打楚国,所以这次韩、魏只能答应帮他攻打秦国,孟尝君到西周周王那里去借粮食和武器。苏代为了西周自身的利益考虑对孟尝君说:"您用齐国的兵力帮韩国和魏国攻打楚国,耗费了九年时间。取得了宛县、

叶县以北的地区，增加了韩、魏两国的
实力。现在又要攻打秦国再次增强韩、
魏的实力。韩、魏南面已经没有了楚国
的烦忧，西边如果再没有秦国的威胁的
话，那么齐国可就危险了。韩、魏一定会
从此轻视齐国而畏惧秦国，我很为您担
忧啊。您不如让我们西周和秦国搞好关
系，不要向我们借粮食和武器，也不要
攻打秦国。这样，您只需要把军队带到
函谷关，我们西周就会为您对秦国说：'薛
公一定不会攻打秦国来增强韩国和魏国
的实力，他只是想让您迫使楚国把它东

方的一块土地割给齐国，也希望您能放还被扣押在秦国的楚怀王（当时，楚怀王出访秦国，被秦王扣押，楚国人都急于营救楚怀王，但一直没有成功），以此作为与楚国和解的条件。'您如果让我们西周把这个好主意告诉秦国的话，秦国就能因为割让了楚国的土地而免于遭受攻击；楚国也会因为楚怀王能得以回国而感激您。齐国得到了楚国东方的土地，力量会更加强大；您的封地薛地也因此摆脱了身处边界的危险境地，变得更加安全；秦国没有受到很大的削弱，身处在秦、齐之间的韩、魏两国一定会因为惧怕秦国而与齐国交好的。"孟尝君听后，觉得很有道理。因此让韩庆到秦国去表示友好，齐、韩、魏三国的军队也不攻打秦国，也不向西周借粮食武器了。

孟尝君在齐国做相国的时候，有个姓魏的门客替他到薛地征收赋税，去了几次都没有带回来什么东西。孟尝君问他原因，他回答说："我遇到了一位贤人缺钱用，就把收上来的钱给他了，所以没有带回来。"孟尝君生气地斥退了他。几年以后，有人在齐湣王面前诬陷孟尝君造反。后来，田甲造反，齐湣王怀疑孟尝君也参与其中，孟尝君只好逃离齐国。这时，魏姓门客曾经赠予钱财的那位贤人听说了这件事，给齐湣王写信证明孟尝君的清白，后来又以自己的生命为孟尝君辩护。齐湣王吃惊于这位贤人的行为，重新派人仔细调查了田甲造反

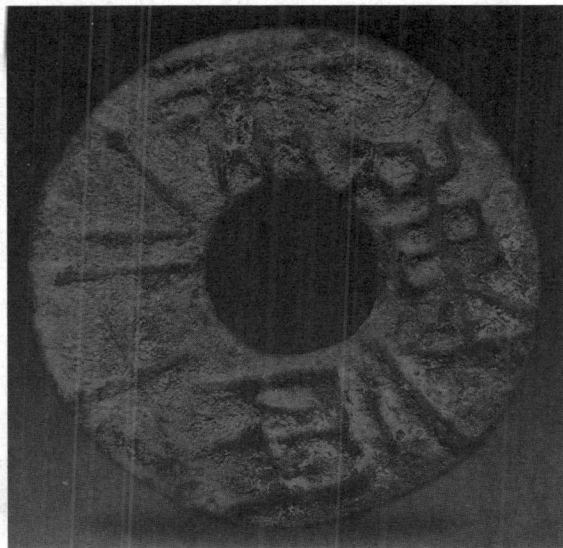

的事情，果然与孟尝君没有什么关系。孟尝君又重新得到重用。

后来，从秦国逃亡出来的将军吕礼到齐国做了相国，想为难苏代。苏代来找孟尝君说："当初周最在齐国的时候，一心辅佐齐王，可齐王却驱逐了他，反而听信了亲弗的话让吕礼做了相国。齐王亲近吕礼其实是为了结好秦国。齐国和秦国如果联合的话，那么亲弗和吕礼的功劳可就大了。他们的功劳大了，您在齐国的地位就会下降。所以，您不如向北用兵，迫使赵国和秦、魏联合，同时劝齐王用厚礼招回周最。这样一来，既改变了齐王想和秦国交好的想法，又防止了天下版图变化可能带来的一系列问题。齐国不讨好秦国，其他诸侯国就会亲近齐国、抵御秦国，亲弗自然会离

开齐国，您就可以继续执掌齐国的军政大权。"孟尝君听了他的话，便常常在齐王面前诋毁吕礼，吕礼因此记恨孟尝君。

孟尝君害怕吕礼报复自己，写信给秦国的相国穰侯魏冉说："我听说秦国想通过吕礼来和齐国交好。齐国是诸侯中的强国，如果吕礼成功促成了两国的联盟关系，那么您在秦国的地位可就下降了。到那时，齐秦两国联合歼灭三晋，吕礼一定会兼任几个国家的相国。所以，秦国这样做最终只会通过和齐国的联

合而抬高吕礼的地位。如果齐国的局势
因此稳定的话，那么吕礼的地位就更高
了。吕礼的地位越高，您的地位就越危
险。因此，您不如劝秦王攻打齐国，齐
国如果被打败的话，我会替您向秦王请
求把齐国割让的封地赏赐给你。齐国一
旦兵败，韩国、魏国的实力就会变得相
对强大。那时，秦王一定会派你去拉拢
韩、魏。魏国刚刚被齐国打败，又很畏

惧秦国。您一旦出访魏国，魏国的国君
一定会通过您依附秦国。那么，您就为
打败齐国立了战功并拉拢了魏国依附秦
国。这样一来，您既打败了齐国、获得
了封地，又获得了秦晋的重视，何乐而
不为呢！如果不出兵攻打齐国的话，吕礼
会被继续重用，那对您是相当不利的。"
于是，穰侯劝说秦王攻打齐国，吕礼因
此逃离了齐国。

后来，齐湣王出兵灭掉了宋国，愈

加骄傲起来，想罢掉孟尝君的相国之位。孟尝君很害怕，逃到了魏国。魏昭王封他做了魏国的相国，与秦、赵、燕三国联合攻打齐国。齐国兵败，齐湣王仓皇逃到了莒地，死在了那里。齐襄王继承王位。齐襄王刚刚执政，畏惧孟尝君的实力和名气，又开始亲近孟尝君。几年后，田文故去，被追谥为孟尝君。当他的儿子们为继承权问题争执不休的时候，齐、魏联军一起进攻，灭掉了薛地，孟尝君也因此没有子嗣流传至后世。

（二）孟尝君与宾客冯谖

　　孟尝君有个宾客叫冯谖。当初，冯
谖听说孟尝君礼贤下士，便来投靠他。
孟尝君问他："先生远道而来，能教我什
么呢？"冯谖回答说："我听说您喜欢结
交士人，因此以贫贱之身来投靠。"孟尝
君听了很不以为然，命令下人把他安排在
了普通宾客住宿的地方。过了一段时间，

孟尝君问客馆的总管："这个宾客来了以后都做些什么？"回答说："冯谖非常贫困，只随身携带一把长剑，剑柄上缠着一些草绳子。他天天抱着剑唱歌'长剑啊，我们还是回去吧，吃饭没有鱼啊！'"于是，孟尝君把他安排到了好一点的地方，让他吃饭时有鱼吃。过了五天，孟尝君又问总管："冯谖在做什么呢？"回答说："他又抱着剑唱了起来，'长剑啊，我们还是回去吧，出门没有车啊！'"孟尝君又把他安排到一个更好的地方住宿，让他出门有车坐。五天后，孟尝君又问："冯谖在做什么呢？"回答说："他还是在抱着剑唱歌，'长剑啊，我们还是回去吧，我没有什么来奉养我的母亲啊！'"孟尝

君听后很不高兴，认为这个人得寸进尺、贪得无厌。但还是派人给冯谖的老母亲送去了生活用的衣物和钱财。

　　冯谖已经在孟尝君这里住了一年，并没有大的作为。当时，孟尝君虽然身居齐国相国的高位，但只依靠封地的税收并不够供养他的三千宾客，孟尝君只好在薛地放贷。一年过去了，孟尝君想把贷款的本金和利息收回来。于是，他问左右的人："谁能帮我回到薛地收债？"这时候客馆的总管说："宾客冯谖还没有为您做过什么，让他去吧。"孟尝君于是请来冯谖说："承蒙大家看得起，现在有

三千多人归顺我。可是只靠薛地的税收不能满足这么多人的日常开支，所以要辛苦先生到薛地跑一趟，帮我把放过的债收上来。"冯谖满口应承下来，启程前往薛地。到了以后，他先把拖欠孟尝君钱财的人召集到一起，得到了十万的利息钱。接着，他用这些钱买来了美酒、肥牛宴请当地的人。所有能还钱的、不能还钱的人都被他邀请来了。冯谖和他们一一核对了债券。有能力偿还的和他们约定了还钱的日期，没有能力还钱的就当场把债券撕了。他还对大家说："孟尝君把钱借给大家，就是怕大家想做生意缺少资金；而孟尝君收利息，是为了能奉养他的宾客。现在有能力还钱的，我都和他们约定了时间；没有能力还的，我就当场撕毁了债券。我们的主人如此优待我们，将来我们可不能辜负他啊！"下面的人听到这些感激涕零。

孟尝君听说冯谖把债券撕毁了，非常生气地把冯谖叫了回来，对他说："我有三千多位宾客要奉养，所以才让你去薛地收债。你为什么把钱花在请人吃饭上，还把债券撕了？"冯谖不紧不慢地答道："相国请听我解释。我准备酒肉请大家吃饭，才能看出来哪些人贫穷，哪些人富有。判断准确之后，我才能和富有的人约定还债的日期。而对于贫穷的人，即使我们不断地向他们要债，也要不出来，因为他们根本无力偿还。那还不如

毁了债券让他们永远记得您的恩德！"孟尝君一听有理，心中暗暗佩服冯谖的远见。

后来，齐王认为孟尝君的名声超过了自己，所以罢黜了他的相国职位。宾客们看到孟尝君没有了权利，渐渐地都离开了他。冯谖非但没有离开孟尝君，还积极帮助他想办法，他对孟尝君说："您给臣一辆车，臣乘着它去秦国，一定有办法让齐王恢复您的相位。"于是，冯谖来到了秦国，对秦王说："天下的士

人匆匆忙忙地赶到秦国来，都是一个目
的：让秦国更强大、让齐国更弱小；匆
匆忙忙赶到齐国的士人们也只有一个目
的：让齐国更强大、让秦国更弱小。秦
国和齐国实力相当，谁能技高一筹，谁
就能拥有天下。"秦王立刻站起来问道：
"那怎么才能让秦国实力更强，拥有天
下呢？"冯谖回答道："秦王您应该听说
孟尝君在齐国被罢黜的事情了吧！齐国
之所以被天下人重视，就是因为有孟尝
君这个贤明的人辅佐朝政。现在齐王竟
然听信谗言，罢免了孟尝君的职务，孟
尝君因此不满于齐王。他如果背弃齐
国、投靠秦国，那么，凭借他在齐
国的影响和对齐国国事的
熟悉以及齐国百姓对他
的爱戴，他一定能帮助
您战胜齐国。您应该快
点派人把孟尝君接过来辅
佐您，机不可失、时不

再来！要是等到齐王想明白了，重新重用孟尝君的话，那对秦国可是非常不利的！"

秦王很开心，立即派人带着钱去邀请孟尝君。这时冯谖先回到了齐国，对齐王说："天下的士人匆匆忙忙地赶到齐国来，都是一个目的：让齐国更强大、让秦国更弱小；天下的士人匆匆忙忙赶到秦国也只有一个目的：让秦国更强大、让齐国更弱小。齐国和秦国实力相当，不分雌雄。哪一方的实力强了就意味着另一方的实力弱了。现在我听说秦王派了使者

带着重金来聘请孟尝君。孟尝君不去辅佐秦王还好，一旦他去秦国任职，天下人都会随着他归顺秦国。那么秦国的实力就会增强，齐国的实力就会下降，这是很危险的事情！大王为什么不趁秦王的使者还没有到的时候，用更多的钱、更好的态度把孟尝君留下来呢？孟尝君是齐国人，一定会很高兴地留在自己的国家继续效命的。到那时，秦国虽然是大国，也不能强行把别国的相国请过去！您如果这么做，不又挫败了秦国的阴谋，还阻止了秦国称霸！"齐王说："那好吧，我考虑考虑。"然后派人到边境上查看，果然看见秦王的使者带着重金向齐国走来。齐王赶紧恢复了孟尝君的相位，又把老地方薛地封给了他，还增加了一千户的居民。秦国的使者听说孟尝君又重新得到了重用，只好失望地回去了。

当初齐王罢黜孟尝君的时候，他的宾客都离开了他。后来齐王恢复他的相

位，只剩冯谖一个人去迎接他。当他们快到齐国都城的时候，孟尝君感慨地说："我喜欢结交士人，对待宾客不敢有丝毫怠慢，最后宾客达到三千人。可是，一旦我失去了地位，他们纷纷弃我而走，没有人考虑我的安危。现在凭借先生的力量，我又重新得到了相位，我要看看他们有什么面目面对我！如果我再碰到他们的话，一定会往他们脸上吐唾沫，好好羞辱他们一番。"冯谖赶紧把缰绳缠好，走下车来给孟尝君磕了一个头。孟尝君见状紧忙下车扶起了他，问道："先生想为那些人求情吗？"冯谖回答道："臣不是为宾客们求情，而是因为您说错了话。世界上万事万物成为什么样子都是有原因的。就像人虽然活着，但总会难逃一死一样。人在富贵的时候，朋友多；贫贱的时候，朋友少，道理也是一样的！您难道没注意到那些早起赶集的人吗？天刚一亮，他们就要侧着身体挤进市场里去；可是虽然晚上他们能轻轻松松地进去，他们也不会进去。是他们偏爱早晨，不喜欢晚上吗？当然不是，是因为晚上那里没有他们需要的东西。所以说宾客们在您失意的时候抛弃了您也是可以理解的，希望您不要记恨他们，应该让他们为您所用，继续为您效力才好！"孟尝君恍然大悟，拜了又拜，对冯谖说道："一定听从先生的教诲！"

（三）楚军攻打孟尝君

　　孟尝君被齐王封在了薛地，楚王派军队攻打他。孟尝君虽然养有三千门客，可弹丸之地的薛地还是难以抵挡实力雄厚的楚国，孟尝君因此非常担忧。幸好当时齐王派使者淳于髡到楚国访问，淳于髡回来复命，路过薛地，目睹了战况。孟尝君求淳于髡为他在齐王面前说些好话，希望齐王能救他于危难之中。淳于髡答应了他的请求。

回到齐国，淳于髡拜见齐王。齐王问他："楚国现在国力如何，与我们齐国相比，哪个国家更加强大？"淳于髡回答说："楚国的实力非常强大，而田文在薛地也非常不自量力。"齐王很奇怪："先生为什么这么说呢？"淳于髡回答道："楚国兵强马壮，现在正在攻打薛地，扩大地盘！而田文连自己的封地都快保护不了了，竟然还在薛地建立宗庙，所以说他不自量力！"听了淳于髡的话，齐王叹了口气："先王的宗庙的确建在了薛地，要是楚军攻破薛地，辱没了宗庙，那寡人可就对不起列祖列宗了！"于是齐王立即派兵救援薛地，孟尝君才免于此难。

（四）鲁连见孟尝君

鲁连来拜访孟尝君，孟尝君问他："先生有什么想教我吗？"鲁连回答说："我

想问您一件事。"孟尝君说："先生请讲。"

鲁连说："您真的看重贤士的才华吗？"

孟尝君有点恼火："那是当然，我有三千门客，难道先生没有听说过吗？"鲁连拱手说道："我认为您并不是真的看中贤士的才能。以前雍门子奉养贤士椒亦，阳得子奉养有能力的人，都是吃一样的，穿一样的，用一样的，最后这些贤士都誓死效忠他们。"孟尝君说："我没有遇到那么贤德的人，如果我遇到了，也会那样对待他们的。"鲁连反问道："您马厩里有那么多匹好马，都是吃好的、用好的，难道因为它们是千古难见的好马吗？您后宫有那么多美丽的姬妾，都是穿尽绫罗绸缎、吃尽山珍海味，难道因为他们是千古难见的美人吗？好马和美女，在当今世界有很多；有才能的人更是如此，根本不用羡慕古人，所以说您并不是真的看重有才能的贤士！"孟尝君很惭愧，于是对门下的宾客更加礼让起来。

　　孟尝君三千宾客中，有一个人非常不招孟尝君喜欢。孟尝君认为他没有什么能力，想赶走他。鲁连听说了这件事，又来劝谏孟尝君："猕猴和猨猴如果离开森林去大海中生存，他们不会有鱼虾活得畅快；好马如果要攀岩峭壁，他们未必有狐狸动作敏捷；像曹沫那样武艺超群的剑客，虽然万夫不能挡其勇，但如

果放下三尺长剑去种田，未必有农民耕种得好。因为尺有所短，寸有所长。如果非要让人去做他们不能做的事情，或者让他们去做自己不擅长的事，他们怎么能做得好呢！所以我们应该善于发现别人的优点，让他们能够发挥自己的长处为您效力，而不是看到别人的短处就把人赶走。更何况，这些人如果被赶走，一定会记恨您，这样无形中就形成了一股反对您的力量，对您可是很不利！"听了鲁连的劝告，孟尝君才放弃了赶走那个宾客的想法。

（五）孟尝君出访楚国

孟尝君到外巡游各国，到楚国的时候，楚王想送给他一个象牙床，派郢地的登徒把象牙床给孟尝君送过来。登徒家庭贫寒，怕送的过程中不小心碰坏了这个名贵的象牙床，自己赔不起，所以

迟迟没有启程。后来，他决定求孟尝君的门客公孙戍帮忙。他对公孙戍说："小人是郢地人登徒，奉命要把象牙床送给孟尝君。象牙床价值千金，如果小人不小心碰坏了哪个地方，就是卖了小人的妻子、儿女也赔不起啊。先生如果能帮小人免了这趟差事，小人愿意把家传的宝剑送给先生。"公孙戍打量着眼前这个人，确认他确实来自普通百姓人家，便答应帮助他。

第二天，公孙戍早起去见孟尝君，对他说："听说楚王要送给您一个象牙床，这是真的吗？"孟尝君回答说："这是真的，有什么不妥吗？"公孙戍回答说："臣建议您不要接受这个馈赠。各个国家之所以看重您、尊重您、

想重用您，都是因为您的声名远播于外。大家都知道您是大贤大德之人，大贤大德的人怎么能随便接受别人的馈赠呢！何况象牙床是如此贵重的礼品，您来到楚国，楚王赠给您象牙床，等您到别的国家的时候，别的国家又要费尽心思来想应该送什么给您，攀比的不良风气就会兴起。如果您来到国力微穷的小国，那他们应该拿什么送您呢？您出访本来是好意，却给别人带来了不方便，那不是很不应该吗？更何况这些事情最终都会影响您贤明的声誉！"孟尝君说："那好吧，就听先生的。"公孙戍见孟尝君听从了他的劝告，乐呵呵地退了出去。孟尝君看到公孙戍乐呵呵地走出去，很诧异，又把他叫回来，问道："先生走的时候，为什么那么高兴啊？"公孙戍回答说："因为臣现在有三件喜事。别的宾客都不敢劝谏，臣却敢，这是一喜；臣劝谏，您答应了，这是二喜；经过臣的劝谏能避免您犯错误，这是三喜。"孟尝君又问：
"那你有没有收别人的好处？"公孙戍回
答说："奉命赠送象牙床的登徒答应把家
传的宝剑送给臣，不过臣还没敢答应呢。"
孟尝君说："那就大胆地要吧！"接着，
孟尝君又命人在门口写下："如果有人能
宣扬我的名声、纠正我的错误，即使在
外面私自接收了别人的东西，也可以直
接来进谏！"

（六）孟尝君组织合纵

孟尝君想组织各个诸侯国联合抗秦，公孙弘劝谏道："您为什么不先去秦国看看呢，如果秦王是一个有能力、贤明的君主，那么他统一中原也没什么不好，既能带来天下太平，百姓也能安居乐业。如果秦王是一个暴虐无德的君主，到那时候您再组织合纵也不晚！"孟尝君说："那好吧，我就派你出使秦国，看个究竟。"

...

公孙弘率领十辆兵车来到了秦国。秦昭王听说了这件事，想为难他，就对他说："薛公的土地有多大啊？"回答说："一百里。"秦昭王不以为然地笑了笑，然后说："秦国的土地有几千里，寡人也没扬言说要攻打哪个国家，而薛公的土地才一百里，却想和我对抗，这是为什么？"公孙弘回答说："孟尝君懂得珍惜贤才，而大王您却不懂得珍惜贤才，所以孟尝君敢和您对抗。"昭王接着问："那孟尝君是怎么爱惜人才的呢？"公孙弘

答道："孟尝君门下人才济济。有能力为君主办事，但却绝不超越君主地位，不私自结交诸侯，得志的时候能尽心办事，不得志的时候也不会投奔别人，诋毁主人，这样的人在薛地数不胜数；治国能臣，能力超过管仲、商鞅，一心一意为君主办事，这样大能大义之人也有五位；即使是遇到有上万乘兵车的大国君主，如果敢辱没使臣，他们也会当场自杀，保全义节，还会让自己的鲜血洒在这大国君主的衣襟上，像这样的使者也有十

人。"秦昭王立即道歉:"先生何必如此
认真呢? 寡人不过是在和先生开玩笑而
已。寡人一直很敬重孟尝君的为人, 希
望先生回去一定要把我的意思传达到!"
公孙弘回答道:"一定!"

(七) 孟尝君与舍人

孟尝君有个门客叫夏侯章。孟尝君
一直很看重他, 不仅给他四匹马用, 还
给他一百个人的俸禄。可是, 夏侯章每

次提到孟尝君的时候都会说孟尝君的坏话。别人很不理解，都认为夏侯章不懂知恩图报，还有一个人偷偷把夏侯章的事告诉了孟尝君，孟尝君和颜悦色地对那个人说："夏侯章是有能力的贤人，应该这样对待他，你们不要再多说啦！"董地的繁菁也为此事很困惑不解，便去问夏侯章为什么总说孟尝君的坏话。夏侯章告诉他："我并不是什么达官显贵，可孟尝君却如此看重我。给我四匹马用，还给我一百个人的俸禄。我没有什么功劳，就是想通过这个方式来报答他。他奉养那么多宾客，身边不缺好话听。所以，我要时时劝谏他，让他看到自己的缺点。知道自己有什么地方做得不好，才能不断改进，长久地得到人们的爱戴。只要孟尝君能有长久的基业，受被人误会又有什么大不了呢！"

孟尝君的夫人很漂亮，有个宾客把持不住，与夫人私通。另外一个宾客对孟尝君说："您对他那么好，他非但不懂得知恩图报，反而和您的夫人做了如此不齿于人的勾当，您杀了他吧！"孟尝君考虑了一下说："英雄爱美女，是天经地义的，他把持不住也情有可原。我看就饶他这一次吧！"于是，孟尝君闭口不再谈论这件事。过了一段时间，孟尝君把那个和他夫人私通的人叫到面前说："我认识先生已经很久了，知道您是有能力的人。可是先生跟着我这么多年，却未能给您重要的职位，让您展示能力；但如果只给您一个小官做，我又不忍心。

卫国现在的国君和我是非常要好的朋友，我把您推荐给他，他一定会重用您的！"

于是，孟尝君赏赐他很多财物，把他推荐给了卫国国君。因为得到了孟尝君的推荐，那个人到卫国后很受重视。几年以后，卫国想要联合天下诸侯共同攻打齐国。那个曾经与孟尝君夫人私通的人听说了这件事，立即来见卫君，对他说："孟尝君不知道臣没有什么才能，而把臣

推荐给了您。臣听说齐国和卫国曾经歃血为盟，约定两国永远不互相攻伐。如果谁违背了誓约，就会像被杀了的牛羊那样血溅战场。现在您却要联合天下的力量来攻打齐国，那不是违背当初的誓约吗！希望您再考虑一下，不要辜负了孟尝君对您的信任！如果您能听臣的劝告，臣当誓死效忠；如果您一意孤行，臣只能以死谢罪！"卫君感动于他的忠义，终止了攻打齐国的计划。

齐国人听说了这件事，都很感慨："孟尝君很会做人做事啊，一场战争因为他曾经的一个宾客而化干戈为玉帛了！"

二、平原君

（一）平原君生平

平原君赵胜是赵武灵王的儿子，赵惠文王的弟弟。在赵武灵王所有的儿子当中，赵胜最贤明，喜欢结交宾客，投到他门下的宾客曾多达几千人。平原君在赵国辅佐过赵惠文王和赵孝成王两位君主，在此期间，他曾三次被革去相国之位，又三次官复原职，后来被封在平

原县，因此人们称他为平原君。

相传平原君家的高楼挨着一户普通百姓的家。这家有一个跛子，每天都要一瘸一拐地走到井边打水。一天，平原君的一个姬妾站在楼上，看到了这一幕，就哈哈大笑起来。第二天，这个跛子来到平原君面前说："我听说您喜欢结交天下贤士，士人们也因为您看重士人、轻视美色而不远万里投奔您。我不幸因病导致残疾，您的姬妾竟然公开耻笑我，我希望得到那个笑话我的美人的脑袋。"平原君笑着答应说："那好吧。"等这个邻居离开后，他却很不屑地对左右的人说："你看这个跛子，竟然因为我的美人笑话他就让我杀了美人，这不是太过分、太可笑了吗！"于是，平原君一直没有杀这个美人。过了一年多，他发现门下的宾客、士人渐渐离开，最后剩下的人还不到原来的一半。平原君不知道原因，便问其他人："我对待宾客、舍人从

来不敢有怠慢失礼的时候，为什么会有这么多人离开呢？门下一个人走上前来对他说："因为您没有杀那个笑话跛子的美人，大家都认为您是喜欢美色而轻视士人，所以很多人离开了。"平原君恍然大悟，立即杀了那个美人，然后拿着美人的头亲自到邻居家道歉。从此以后，宾客才又慢慢地归附他。

公元前 262 年，秦国大将白起进攻

韩国，韩国上党守将冯亭投奔赵国，还要把上党献给赵国。赵孝成王为此征求大臣们的意见，平阳君赵豹认为无功受禄会带来祸患，不应接收；平原君则认为轻易得到上党并没有什么不妥，力荐赵孝成王接收。赵孝成王最后采纳了平原君的意见，接收了上党，封冯亭为华阳君。这件事激怒了秦国，秦王命令白起进军赵国，两军交战于长平，赵军大败。秦军乘胜追击，包围赵国都城邯郸。

秦军围困邯郸，赵王派平原君去楚国求救，相约楚、赵联盟，共同抗秦。平原君想从自己的门人当中选二十个文武双全的人随行，可最终只找到十九个合适的人选。这时，门下有个叫毛遂的，走上前来，自荐于平原君说："我听说您想和楚国结盟，相约与门下二十人一起出访，现在还缺少一个人，我愿意和您一起去。"平原君问："先生归顺到我的门下多长时间了？"回答说："我到这里已经三年了。"平原君又说："但凡有本事的人活在这个世界上，就好像把一个锥子

放在袋子中，锥子尖总会露出来的。可是您来到我这里已经三年了，却一直没听说您有什么作为，可见您并没有什么大的本领，您还是留在这里吧。"毛遂回答说："臣今天就请求您把我放到袋子中。假如我早一些被您放入袋子中的话，我早就脱颖而出了，何止会露出一个锥子尖呢！"平原君无话反驳，只好带着毛遂出发了。其他十九个人看着默默无闻的毛遂，都不太相信他的能力，只是碍于

情面没有说穿罢了。

等平原君一行人到了楚国，经过一路上的谈话、交往，毛遂的能力一点点显现出来，大家渐渐佩服起他的口才和能力来。平原君求见楚王，和他商谈合纵的事宜，尽言合纵的好处，从早晨谈到了中午，却没有商谈出结果。其他十九个人对毛遂说："先生上去试试吧。"于是，毛遂按着剑一步步迅速地走上大殿，对平原君说："合纵对于两国都有好处，这个道理几句话就能说完，为什么从早晨说到了中午还没有结果呢？"楚王问平原君："这个人是谁？"答说："是我的舍人。"楚王呵斥毛遂说："还不快快下去，我正在和你的主人说话，哪有你插嘴的份儿！"毛遂按着剑走上前说："楚王您之所以想斥退我，无非是因为我们身在楚国，您仗着人多势众。可现在我们的距离不超过十步，您的命在我手里，您不能依靠您的侍卫、

百姓了。何况，我的主人正在您面前坐着，您何必呵斥我呢？况且，我听说商汤凭借七十里的地方而拥有了天下，周文王依靠百里的土地而使诸侯臣服，难道是因为他们兵多将广吗？当然不是，是因为他们能把握时机、掌握局势、显示威力。现在楚国方圆五千里，士兵有百万之众，这些都是称霸的资本。凭借楚国的实力，天下诸侯本没有谁能抵挡的。可是白起，一个毛头小子，带领几万人攻打楚国，

一次战斗就占领了鄢陵、郢都；再战，
烧毁了夷陵；接着，侵占了楚国的宗庙，
连楚国的先人都蒙受了耻辱。这是百年
都报不完的仇，连我都替楚国感到羞愧，
难道您不感到痛恨吗？因此，两国联盟
是为了楚国而不是为了赵国啊！楚王点着
头说："你说得很对，我愿意和你们结
盟。"毛遂听到楚王的回答，立即招呼楚
王身边的人说："快拿鸡、狗、马的血来。"
毛遂双手捧着装有鸡、狗、马血的盘子
跪到楚王面前说："楚王您第一个歃血为

盟，然后是我的主人，然后是我。"于是，
楚、赵得以订盟于大殿之上。

平原君成功完成任务，从楚国回到
了赵国。他对大家说："我不敢再对我的
宾客做评价了。我识别过的人多说有上
千人，少说也有几百人，总以为不会漏掉
有识之士，现在却差点失去毛先生这个
人才。毛先生一到楚国，就使赵国的地
位比九鼎、大吕还要尊贵。毛先生的三
寸之舌比百万大军还要厉害。我真是不
敢再评价人了。"自此，平原君把毛遂奉

为上宾。

　　平原君回到赵国，楚王立即派春申君带兵救援，魏国信陵君也假传王命，夺取了晋鄙的军队援救赵国，但山高路远，援军还都在途中。邯郸城的局势日益紧张，随时都有被攻破的危险，平原君日夜担心，没有良策。这时，邯郸驿舍管理的儿子李同对平原君说："您不担心赵国灭亡吗？"平原君回答说："赵国

如果灭亡了，我就会成为俘虏，怎么会不担忧呢？"李同又说："现在局势非常紧张，城内的百姓已经艰难到用人的骨头当柴烧、互相交换儿子当饭吃了。可您家里只姬妾就有上百人，她们有穿不完的衣服、吃不完的肉；百姓却衣不蔽体、食不果腹；士兵也贫穷困厄、缺衣少食。您家里有数不尽的宝物、乐器，士兵们却连作战的武器都没有，只能拿着刀削的棍棒与敌人战斗。如果秦军攻破赵国，

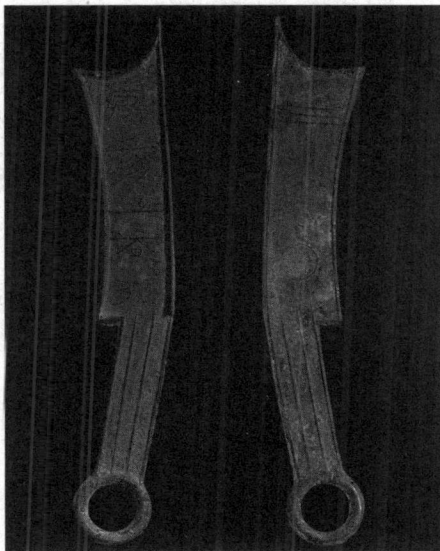

您还怎么享有这些荣华富贵呢？但是，如果赵国能保全下来，您还担心没有用的东西吗？所以，我建议您把夫人以下的姬妾仆人都编入军队，让他们分工合作、共同杀敌。然后，拿出家中的粮食、财物犒赏军队，士兵们一定会因此感激您，作战也会更加勇猛的。"平原君听从了李同的建议，把家人编入队伍，又分散家财，组成了一支三千人的敢死队。李同和这三千人一同奔赴前线，上阵杀

敌。秦军畏惧他们的气势，后退了三十里。正赶上楚、魏的救兵赶到，秦军寡不敌众、撤兵回国，邯郸得以幸存。

平原君缔结了和楚国的联盟，请来了信陵君的救兵，解除了赵国的危机，虞卿想因此为平原君请封。他觐见赵王说："平原君请来了救兵，才使我们不费一兵一将就解决了都城的危机。平原君立了战功，大王不能不赏啊！"于是，赵王想增加平原君的封地作为奖赏。公孙龙听说了这件事，马上来找平原君，并对他说："您千万不能接受赵王的封赏。当初，赵王任命您为赵的相国并不是因为您的才能在赵国是独一无二的；赵王把平原县封给您也不是因为您有什么特别的功劳，这些都是因为您是赵王的叔父。您接受相国封印的时侯没有推说自己无能；接受封地的时候没有推说自己没有功劳，也都是因为自己是赵王的叔父，接受这一切理所应当。现在，您如果因为保全了邯郸而请求封赏的话，那不是以亲戚的身份受权受地，又以普通人的身份邀赏请功吗？所以我说您不能接受赵王的封赏。"平原君听了他的劝告，拒绝了虞卿的好意。

赵孝成王十五年，平原君因病去世。他的子孙世代世袭平原君的爵位，直到最后与赵国一起灭亡。

（二）平原君谓平阳君

平原君对弟弟平阳君说："弟弟，哥哥想给你讲个故事。"平阳君说："好啊，请哥哥讲吧。"平原君接着说："有一个贤士叫公子牟，曾经到秦国游学，快回国的时候，他去和秦国的相国应侯范雎拜别。应侯对他说：'先生就要回国了，没有什么想对我说吗？'公子牟说：'就是您不问，我也会说的。富贵的人不一定期盼富贵，但是他们却富贵了；富贵的人不一定期盼美味佳肴，但美味佳肴却

有了；有了美味佳肴不一定希望自己会骄奢淫逸，但骄奢淫逸也随着来了；变得骄奢淫逸未必会希望死亡，可死亡也就不远了。古往今来，很多人都不能坐守富贵，遭此结局。'应侯听后很有感慨地说：'先生说得实在是很有道理，我会记住的！'"平原君讲完故事，对弟弟说："我有幸知道了这个故事，常常铭记于心，希望你也不要忘记！"平阳君回答说："弟弟一定谨记于心。"

（三）平原君欲伐燕

平原君请来辩士冯忌，想和他商量攻打燕国的事情。他对冯忌说："我想攻打上党，进而攻打燕国，先生认为怎么样？"冯忌回答说："万万不可啊！当年秦国的大将——武安君白起，七次攻打赵国，七次胜利，趁着七战七胜的气势又在长平打败了我国几十万大军。接着，他率领士卒围困了我国的都城邯郸。当时，邯郸的守卫只剩下了老弱妇孺，残兵败将，但他们还是誓死守卫住了邯郸城。现在，赵国对于燕国既没有七战七胜的战功可以让燕国闻风丧胆，燕国也没有经历过长平之战那样的惨败。何况，我国还没有完全从战败中恢复过来，现在攻打强大的燕国，相当于替秦国攻打燕国，又给了燕国攻打我们的借口；所以臣建议您不要出兵燕国。"平原君认为冯忌说得很有道理，于是放弃了这个计划。

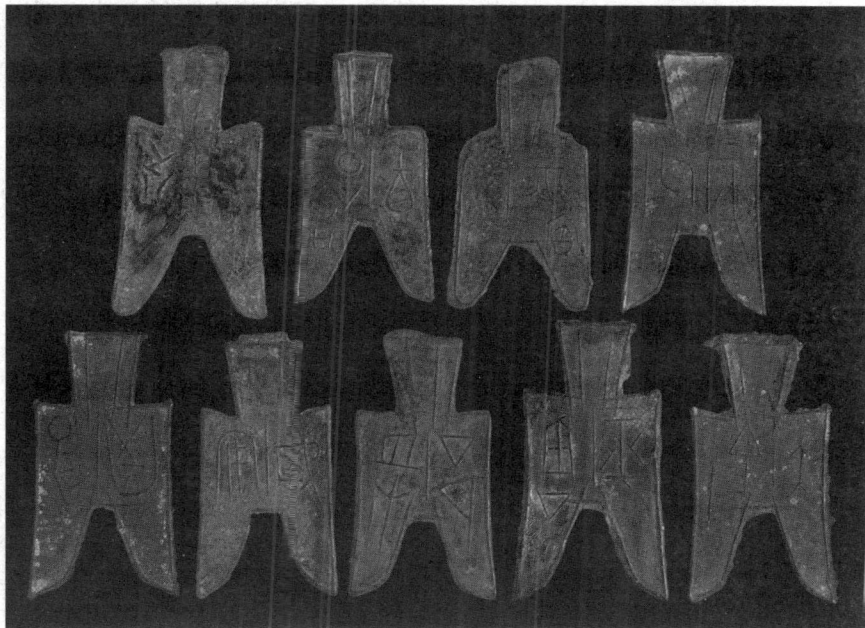

（四）平原君劝赵王合纵

　　诸侯国屡次败给秦国，各个国家商量联合抗秦。魏国派使者来见平原君，希望能通过他说服赵王联合抗秦。平原君几次劝说赵王，陈说合纵的好处，赵王就是不同意。平原君只好委托赵国的上卿虞卿来劝说赵王。

　　虞卿来到赵王的宫殿，见到了赵王。赵王对他说："先生应该听说了吧，魏国想和我们联合抗秦，被寡人一口回绝了，

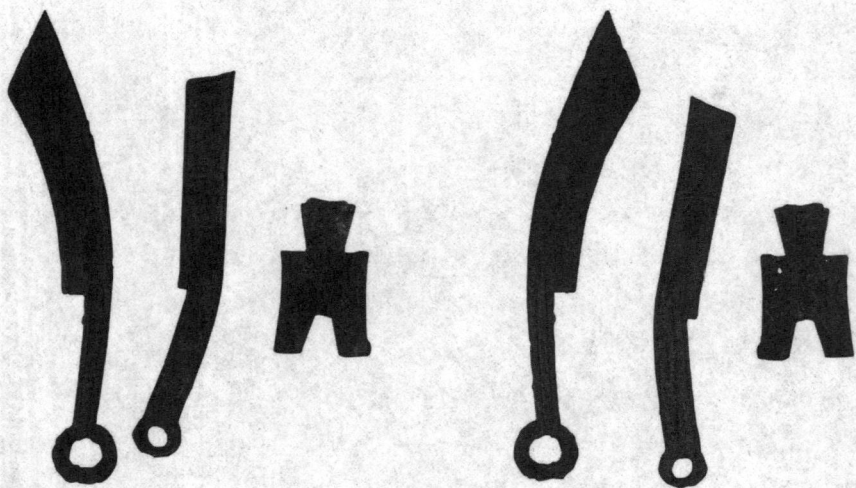

先生觉得怎么样?"虞卿说:"魏国错了。"赵王沾沾自喜地说:"所以寡人没有答应合纵的事啊!"虞卿接着说:"大王您也错了。"赵王很奇怪:"寡人错在什么地方了呢?"虞卿回答说:"力量强大的国家和力量弱小的国家结盟,如果有了好处,一定是强国分得多;有了坏处,一定是弱国损失得重。魏国没有我国强大,却要和我们结盟,那不是想把好处拱手让给我们,把坏处拿过去承担吗?所以说魏国错了。而大王您竟然放弃了得到好处,减少损失的机会,那大王不是也错了吗?"

三、春申君

（一）春申君生平

春申君，楚国人，姓黄名歇。曾到过很多地方游学，博闻强识。楚倾襄王时，被派到秦国做使者，正赶上秦王派兵攻打韩、魏两国。秦军在华阳取得胜利，生擒了魏国的将军芒卯，韩、魏臣服于秦。秦昭王计划联合已经臣服的韩、魏攻打楚国，联军还没有出发的时候黄歇来到

了秦国，听说了这个计划，为此非常担忧。因为秦、楚实力相差悬殊，上一次的秦、楚之战，秦军不仅攻占了楚国的巫郡、黔郡、攻克了鄢郢，还向东打到了竟陵，使楚倾襄王被迫逃到陈县。秦国兵强马壮，黄歇怕楚国敌不过秦国，立即上书秦昭王，劝他放弃攻打楚国的计划，他对秦昭王说：

"天下诸侯，没有比秦国、楚国更强大的了。现在听说秦国要攻打楚国，这不正是两虎相争吗，最终一定会两败俱伤。秦、楚的实力削弱，不是相当于增添了其他国家的实力吗，所以我劝您还是善待楚国。俗话说物极必反，冬天寒冷、夏天炎热不也是说明了这个道理吗；东西堆放得过高就容易发生危险，垒棋子就是这样。现在，秦国的地盘已经从西方绵延到了东方，自从有人类在中华大地生存起，就没有哪个国家的领土能达到秦国这么大。从文王、庄王开始，两朝的国军就想使秦国的领土和齐国接壤，以防止东方各诸侯国合纵抗秦。现在，您派盛桥到韩国做事，不费一兵一卒，盛桥就把韩国大片的土地割让给秦国。您又派兵攻打魏国，封锁了通往魏国国都大梁的要道，占领了河内、燕县、酸枣、桃县，接着又攻下了邢丘，吓得魏军的援兵只能在一旁观战却不敢上前营救。这些都是您的功劳。您让您的军队休整了两年，然后又继续出战，一举吞并了魏国的蒲乡、衍地、牛首、长垣，接着又打到了仁县和平丘，吓得黄城、

济阳的士兵坚守不出，楚王只能向您求和。这样您又从楚国得到了濮水以北的广大地区，真正实现了秦、齐相接的愿望，斩断了楚、赵联系的方式。东方各国虽曾联合起来与您抗争，但终究还是敌不过您，您的威力可以说是发挥到极致了。

您如果能保持原有的功劳和威信，暂时不发动战争，而是善待您的邻居，秦国将会得到各诸侯国的爱戴而永无后

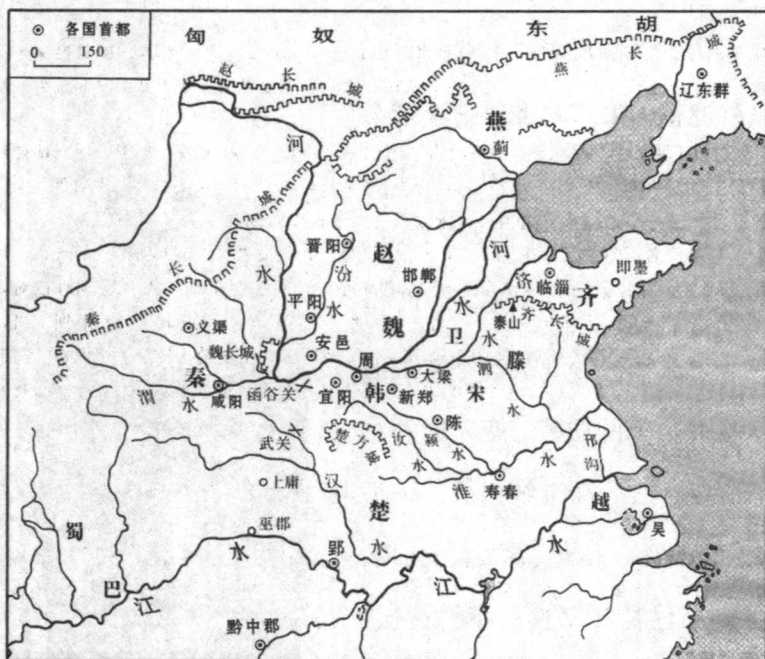

患。《诗经》上说过，做事情开始的人有
很多，但能坚持到最后的却很少。《易
经》上也说过，狐狸过河，虽然百般小
心，还是会弄湿尾巴。这些都是在说开
始容易，而坚持下来却很艰难的道理。
当初智伯只看到攻打赵国的好处，却没
想到自己会在榆次被人所杀；吴王只看
到了攻打齐国的好处，却没想到自己会
在干隧被人打败，并且死在了那里。这
两个国家并不是没有建立大的功勋，而
是他们只看到眼前的利益，却没有想到
潜在的祸患。吴王当时轻信了越王，跟
着他一起攻打齐国，结果，刚在艾陵打
败了齐国，就在三渚的水边被越人活捉
了。智伯当时信任了韩、魏，和他们一
起攻打赵国，联军已经攻破了晋阳城，
眼看就要胜利了，韩、魏两国却背叛了他，
将他杀死在凿台之下。现在，秦王您只
看到了楚国没被秦国打败，却忘记了打
败楚国只会增加韩、魏的实力而已。所

以我劝您还是放弃攻打楚国的计划吧。

《诗经》中说过，不应该千里迢迢地去攻打远方的敌人，这样看来，距离秦国遥远的楚国应该是您的帮手；而秦国的邻国才应该是您的敌人。《诗经》上还说过，狡兔虽然跑得快，但要是碰到好的猎狗还是难以逃脱。现在，您过分相信韩、魏两国对您的友好，这正相当于当初吴国信任越国。我担心韩国和魏国今天谦卑的态度是为了麻痹您，而故意装出来的。因为您对韩、魏两国并没有什么大的恩赐，只有几代人的恩怨，他们怎么会真心侍奉您呢？秦军与韩、魏交战，韩、魏惨败。他们的领土被侵占，宗庙被毁坏，他们的百姓被杀头、剖腹，尸横遍野，被秦军俘虏去的百姓被你们用绳子绑着、成群结队地在路上押送，连他们的祖先都担心，怕他们后继无人。即使侥幸幸存的人也无以为家，只能四处漂泊、流落他方。对于这两个

国家，如果不被您消灭的话，一定会成为秦国的隐患。现在您却帮着他们攻打楚国，不是犯了一个很大的错误吗？

况且，如果您攻打楚国，想要从哪里进兵呢？难道您想从您的敌人韩、魏两国那里借道吗？那恐怕您的军队会一去不复返。如果您不从韩、魏借道，一定会先进攻随水的南岸。那里到处是丛山密林、河流溪谷，即使您占领了，又有什么益处呢？结果只能是您获得了攻打

楚地的坏名声，却没有得到任何实际的
好处。

　　再说，您一旦攻打楚国，韩、赵、魏、
齐四国一定会起兵响应。当秦、楚正在
交战的时候，魏国就会趁这个机会攻打
留县、方与、萧县、相县等地，把过去
属于宋国的地方据为己有。齐国也会从
南面进攻楚国，取得胜利后，会得到泗
水流域。泗水流域是平原地带，土壤肥
沃，适于农耕，也很适合生存。攻打楚
国您没有得到什么好处，却使韩、魏受益，

使齐国强大。长此下去，他们即使自己没有能力称霸，然而阻止秦国称霸却是绰绰有余了。

所以，臣为您考虑，建议您和楚国搞好关系。如果秦、楚联合对抗韩国，韩国就会收敛起来。然后您再利用东山险要的地势，占据河曲一带的有利地形，韩国一定会甘心臣服于您的。到那时，您再派兵十万驻扎在新郑，魏国就会担忧起来。许地和鄢陵必不敢和您交战，这样上蔡、召陵和魏国的联系就中断了，最终魏国也会真心臣服于您的。可见，您和楚国交好，既会有两个诸侯国因此臣服于您，又可以扩大您的领土，使其东接于齐。这样，您的领土就会从西海横贯到东海，整个天下都会被您控制，燕、赵，齐、楚之间也难以联系。然后您北取燕、赵，南制齐、楚，最后这四个国家也会臣服于您的。"

秦昭王认为黄歇说得很有道理，放

弃了攻打楚国的打算。然后又派使者送厚礼拉拢楚王，两国因此结为盟国。

黄歇带着盟约回到楚国，楚王更加重用他。不久以后，为了表示联盟的诚意，楚王派黄歇辅佐太子，到秦国做人质，两人在秦国住了好几年。后来，楚倾襄王生病了，病得很严重，太子却回不去。楚倾襄王的太子和秦国的相国应侯关系很好，于是黄歇对应侯说："相国真的是和太子好吗？"答说："是的。"黄歇又说：

"现在楚王病重，秦国不如归还楚太子，使其继承楚国的王位。他一定会因此重视和秦国的关系，也会感激您；如果太子回不去，楚国就会另立新王，这个新王即位后未必会和秦国交好，秦国因此失去了和另一个大国交好的机会。更何况，楚太子如果不能继承王位，他就只是一个客居他乡的普通人，那您和他交好又有什么意义呢？所以，希望您能认真考虑这件事。"应侯将黄歇的话转述给秦王。秦王说："让楚太子的老师先回楚国探视病情，回来再从长计议吧。"黄歇担心夜长梦多，建议太子道："现在秦国扣留您是为了从您身上得到更大的好处，可是您现在并不能给秦国提供什么好处。您父王危在旦夕，如果您不快些赶回去，您的弟弟就会继承王位，这样一来，您在秦国的地位就很危险了。因此，臣建议您和楚国的来使一起逃跑，臣留在这里，就是丢掉性命，也会为您争取到

逃跑的时间。"楚太子听了黄歇的话，换上普通人的衣服，打扮成楚国来使的车夫混出了秦国。黄歇留在客馆里，一有人问起，就推说太子生病了。等到估计太子早已远离秦国时，黄歇亲自找秦王说出了整个事情。秦王很生气，想要杀死黄歇。应侯急忙为黄歇求情，他对秦王说道："楚太子回国，一定会继承王位。黄歇帮助楚太子顺利回国，将来一定会得到重用。如果我们现在把他放回楚国，对于两国的交好是有好处的。"秦王听从了应侯的建议，黄歇得以回到楚国。

　　黄歇回到楚国三个月后，楚倾襄王病故，楚太子得立，是为楚考烈王。考烈王刚一执政就拜黄歇为相国，封为春申君，还赐给他淮北十二个县作为封地。十五年后，黄歇对楚王说："淮北十二县离齐国很近，常有紧急情况发生，还是把那里改成郡县比较好。"所以，黄歇把淮北十二县归还给朝廷。楚考烈王又把江东之地封给了他，于是，春申君在当年吴国都城的旧址上建起了自己的都邑。

春申君做楚国相国的第四年，秦国在长平打败了赵国四十万大军。第五年，秦围困赵国国都邯郸。邯郸告急，赵求救于楚。春申君带兵前往救援，秦军撤退，春申君顺利回国。第八年，春申君挥师北进，为楚灭掉了鲁国，并任命荀卿为兰陵县令。一时间，楚国又强大了起来。

第二十二年，各诸侯国担心秦国对他们的攻伐没完没了，相约联合抗秦，楚王被推举为盟主，春申君负责具体事务。六国军队行至函谷关，还没与秦军真正交锋，就被秦军吓得四散而逃。楚考烈王因此埋怨春申君，渐渐疏远了他。

春申君辅佐楚王的时候，齐国有孟尝君、魏国有信陵君、赵国有平原君，四人争着礼贤下士、招宾致客。一次，赵国平原君派使者拜访春申君，春申君把他们安置在最好的舍馆里。赵国的使者想夸耀财富，故意在头发上插上了玳瑁簪，用珠玉做剑的配饰，信心满满地

拜见春申君。而春申君的上等门客都穿
着用珠玉做配饰的鞋子接见赵国使者，
赵国使者非常惭愧。

春申君有个来自于观津的门客叫朱
英，对春申君说："很多人认为楚国本是
强大的，因为您掌事才变得弱小起来，
我却不这么认为。先王在世时，秦军
二十年没有攻打楚国，为什么呢？是因为
当时秦、楚相距较远，秦军要穿越险要
的关隘才能攻打楚国，借道韩、魏又很
不安全。可现在局势不同了，魏国已经
自身难保，还想把许县和鄢陵献给秦国。
那样一来，秦国的军队离楚国现在的国

都陈县只有一百六十里，一旦秦军攻打楚国，陈县就危险了。所以，您应该建议楚王把国都迁离陈县。"于是，楚王在春申君的建议下，把都城从陈县迁移到寿春。

楚考烈王没有儿子，春申君很担心这件事，到处寻找适宜生育的女子进献给考烈王。人虽然找了很多，但还是没有生出儿子来。有个来自赵国的人叫李园，想把自己的妹妹献给楚王。听说楚王不能生育，担心时间长了妹妹会失宠。

于是，他暂时投到春申君门下，寻找解决的办法。有一次，他请假回家，故意晚回来几天，春申君问他原因，他说："齐王想娶我的妹妹，派使者来提亲。我陪齐王的使者多喝了几杯酒，所以回来晚了。"春申君问道："齐王下聘礼了吗？"答说："还没有呢。"春申君又问："我可以见见你的妹妹吗？"李园欣然答应，把妹妹献给了春申君。后来，李园的妹妹怀上了春申君的孩子。李园知道后想

把怀有身孕的妹妹献给楚王。于是，李园的妹妹劝说春申君："楚王对您这么好，即使是亲兄弟也赶不上。现在您做楚国的相国已经二十多年了，楚王却没有儿子。等他百年之后，如果是他的弟弟即位，您还会得到如此的恩宠吗？更何况，您辅佐楚王这么多年，一定得罪过楚王的兄弟，他们一旦继承王位，很可能加害你。现在，我已经知道自己怀有身孕，但还没有别人知道这件事。您不如把怀有身

孕的我献给楚王。我是您进献的人，一定会立即得到恩宠，那样，我们的孩子就可以成为太子、继承王位；而您也免去了罢官去禄的危险，能永世享有富贵。"春申君认为她说得很有道理，于是把她进献给楚王。后来，她果然生下了一个男孩，这个男孩被楚王封为太子。身为太子舅舅的李园也因此受到楚王的重用，开始参与国家大事。

春申君做楚国相国的第二十五年，楚考烈王病重。朱英对春申君说："世间有难以预料的福分，也有难以想见的祸

事。现在您处在一个战乱的时代，侍奉一个难以揣测的君主，您需要一个可靠的人来帮助您。"春申君说："什么是难以预料的福分呢？"答说："您辅佐楚王二十多年，名义上是相国，实质上相当于君主。现在楚王病重，不知道什么时候就可能驾鹤西去。您日后辅佐一个少主，将会代为行使军国大权。这就是难以预料的福分。"春申君又问："那什么又是难以想见的祸事呢？"答说："李园并没有治国的才能，却十分渴望执掌国政，还因此仇视您；现在，他虽然不是相国，但权力已经和您相当了；他虽然不是将军，家里却养了很多死士。一旦楚王病故，李园一定会抢先进宫掌权，并杀您灭口。这就是难以想见的祸事。"春申君接着问道："那谁是可靠的人呢？"答说："您想办法把我送到宫中做个郎中，等李园抢先进宫时，我替您杀了他。我就是可靠之人。"春申君听了朱英的话，

不以为然地说 :"算了吧,李园是个文弱无能的人,我待他又一向很好,他怎么会那么做呢!"朱英知道自己劝说不了春申君,害怕将来祸事殃及到自己身上,很快逃离了楚国。

十七天后,楚考烈王病故。李园果然抢先入宫,布置停当。等到春申君入宫时,早就埋伏在那里的人杀死了他,并把他的人头扔到了棘门之外。然后,李园又派人杀死了春申君全家。太子即位,是为楚幽王。

（二）汗明见春申君

魏国有个叫汗明的人，来楚国投奔春申君，等了三个月才得到春申君的召见。春申君和他相见恨晚，谈得非常开心。谈话结束后，汗明想第二天接着和春申君探讨，可是春申君却说："先生，我已经了解您了，您先休息一下吧。"汗明很不安地说："我想问您一件事，又怕您怪罪。"春申君大度地说："先生有什么事情尽管问吧！"汗明问道："您和尧相比，谁更圣明一些呢？"春申君很谦虚地回答说："先生您过奖了，我怎么能和大贤的尧相比呢！"汗明又问："既然这样的话，那么您认为我和舜相比谁更贤明一些呢？"春申君说："先生简直就是舜的再生啊！"汗明说："臣并不这样认为，请允许臣冒昧地把话说完。您的圣明肯定不能和尧相比，而臣的才能就更不能和舜相比了。贤明的舜辅佐圣明的尧还需要三年的时间才能互相了解，现在您

只和我交谈了一个晚上就了解了臣，可见您实在是比舜圣明多了！"春申君听了汗明的话非常惭愧，立即叫守门的人把汗明写在宾客簿上，奉为上宾。每隔五天，就会拜访他，向他请教大小事情。

过了几天，汗明又对春申君说："您听说过千里马的故事吗？"春申君谦虚地回答："愿听先生教诲！"汗明接着说道："有一匹千里马，当它到了可以驾车的年龄时，拉着一车盐奔向太行山。它四蹄伸开，两膝弯曲，尾巴低低地垂着，脚趾也磨破了，盐水和汗水洒了一路，刚跑到半山腰就跑不动了。伯乐遇见了千里马，立即跳下了车，抚摸着它哭了起来，解下自己的衣服披在马背上。原本千里马在低着头，大口地喘着粗气。经过伯乐的抚摸，它马上扬起头，长啸于天空，声音响彻云霄。为什么呢？因为它找到了知音！现在臣并没有什么才干，成长在贫穷落后的里巷，混迹在社会的底层，难道您不想帮助臣洗掉身上的污泥，让臣能对诸侯国的人们大声地说出在梁地所受的冤屈吗！"春申君听了他的话，更加重用他。

（三）春申君求封地

虞卿对春申君说："我听说《春秋》上说人在安全的时候要想到会有危险因素存在，人在危险的时候也要看到事情好的一面。现在楚王的年龄越来越大，一旦哪一天楚王仙逝了，新王未必会继续重用您，那么，您将去哪里生活呢？所以臣建议您向楚王要一块封地，以供将来养老之用。并且，这块封地一定要

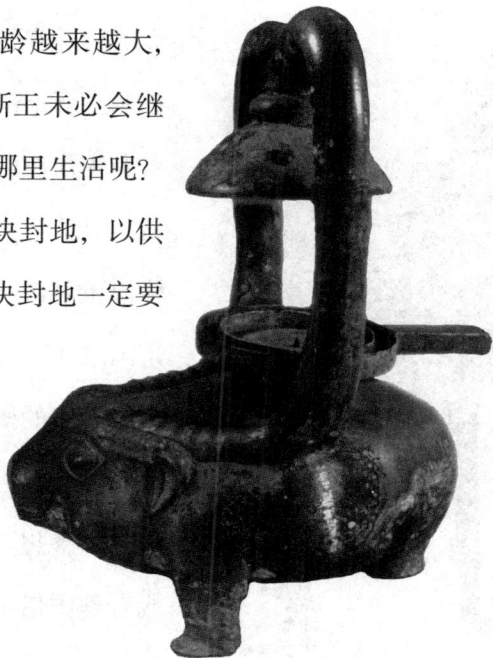

远离楚国的国都，这样才能保证您的安全。当年，秦孝公把公孙鞅封在了商地。秦孝公死后，新即位的秦惠文王就杀了公孙鞅，取回了他的封地。秦昭王把冉子封在了穰地，他死后，新即位的君主就夺回了他的封地。公孙鞅是秦国的大功臣，而冉子是君主的姻亲，为什么都不得善终呢? 就是因为他们的封地离国都太近，令君主感到了威胁。姜太公吕尚的封地在远离西周国都的齐地，邵公奭的封地在远离国都的燕地，他们最终都能寿终正寝，就是因为封地远离国都，对君主没有威胁! 现在燕国得罪了楚国，赵国对楚国又有怨恨，您不如挥师北上，施恩于赵国，攻打燕国，那么您就能在楚国的北部边境得到一份封地。这是个千载难逢的机会,希望您好好考虑一下!"

春申君说:"先生说得的确很有道理，可是如果想要攻打燕国，一定要向齐国或者魏国借道。齐国、魏国刚和楚国结

怨，他们怎么会借道给我呢？"虞卿说：
"您不用担心，我愿意到魏国为您借道。"

虞卿来到了魏国，对魏王说："楚
国现在非常强大，天下无敌，现在楚王
将要进攻燕国。"魏王反问他："既然楚
国已经天下无敌了，为什么还要攻打燕
国呢？"虞卿回答道："一匹马的确可以
很有力量，但如果让它背负千金的重量，
那是绝对不可能的，那不是马的任务所
在！现在楚国虽然强大，可是他们竟然
要越过别的国家去攻打燕国，那也不是
楚国的任务。不是他的任务，他非要去

做，那不是自讨苦吃吗！楚国的力量削弱
了，就相当于魏国的力量增强了，您又何
乐而不为呢！”于是魏王答应了借道一
事。

（四）春申君与荀况

荀况来楚国投奔春申君。有个门客
劝春申君不要接受他，说道：“商汤和
周武王都是凭借百里的地方起事，最后
拥有天下。荀况是天下有名的贤人，您
如果给了他百里的地方，那不是对您很
不利吗？”春申君认为他说得很有道理，

就派人谢绝了荀况。荀况只好离开楚国，投奔赵国，赵王把他奉为上宾。

过了一段时间，又有门客对春申君说："以前伊尹离开了夏朝，来到殷商，殷商称王而夏朝灭亡了；管仲离开鲁国投奔齐国，鲁国弱了，齐国强大了。贤人在哪里，哪里就会强大；贤人不在哪里，哪里就会弱小。荀况是个有才能的人，您怎么让他离开楚国投奔赵国呢？"春申君听了很后悔，急忙派人去赵国请荀况回到楚国。

荀况写信回绝了春申君的邀请，他

说道："生癞的人也会可怜他那被杀了的君主，这是不恭敬的话。即使这样，我也希望您能仔细想想这句话，这是针对被臣子杀了的国君说的。如果君主很年轻，才能又还没有完全展现出来；他又不会辨别他的臣子，有些大臣就会趁机肆意妄为！为了避免自己将来受难，那些小人们会借机杀了有功劳、有能力的臣子，然后拥立年幼、体弱、不懂事的小孩子做君主，接着又任用对自己有好处的小人，而远离大忠大义之人。《春秋》

上说楚国的王子围要到郑国访问，还没
到的时候就听说父亲病重，急忙又赶回
来照顾父亲。大家都以为他很仁义，没
想到他回到王宫竟然趁机用帽缨勒死了
亲生父亲，然后自己做了君主。齐国崔
杼的夫人长得非常漂亮，经常和齐庄王
私通。后来崔杼听说了这件事，率领家
臣攻打庄王。庄王很害怕，请求讲和，
承诺分一半齐国给崔杼。崔杼没有答应，
拿着刀继续追赶。庄王又请求让他到祖
庙自杀，崔杼还是没有答应。庄王想要
跳墙逃跑，崔杼一剑射到他的腿上，最
后杀了他。然后，崔杼立庄王的弟弟景
公为新的齐王。这样的事情在近代也有
很多：李兑在赵国执掌大权，竟然把君
主囚禁在沙丘，不给他吃的，一百天后
杀了他的君主。淖齿是齐国的大臣，他
竟然抽了齐王的筋，把他吊在了庙梁上，
整整一晚上，活活吊死了他。长了脓疮
虽然疼痛难忍，但如果和那些被杀了的

君主相比不是幸运很多吗！这样看来，说长了癞的人会可怜君主也是可能的了。"荀况写完信后，又在信后面附带了一首诗："'宝贵的隋珠，不知道佩戴。好丝绸和粗布，不知道分辨。闾姝和子奢那样的美女，不知道迎娶。娶丑女回家，欢喜得不得了。说盲人眼睛明亮，聋子耳朵灵敏，把对的当成错的，把好的说成坏的。呜呼哀哉，为什么会不分好坏！'《诗经》说：'上天神明，不要自取祸端'说得很对啊！"

（五）魏加见春申君

天下诸侯联合抗秦，推举楚王为盟主。赵国的使者魏加来见春申君："您准备好让谁来率领诸侯大军了吗？"春申君回答道："已经有人选了，我准备封临武君为大将军。"魏加接着说："臣小的时候喜欢射箭，所以臣想用射箭来做比

喻。有一天，更赢和魏王站在高台下面，正好有一只大雁飞过。更赢对魏王说：'臣只要虚拨一下弓弦就能把这只大雁射下来。'魏王很吃惊地问：'你的技术已经达到了这么高的境界了吗？'更赢没有回答，轻轻地拨了一下手中的弓弦，那只大雁应声坠了下来。魏王更惊诧了，问道：'你是怎么达到这么高境界的呢？'更赢回答道：'并不是臣的技术高超，而是因为这只大雁本来就已经有病在身。它飞过来的时候速度缓慢，声音悲切。飞得慢，是因为身上有隐疾；声音悲切，是因为和雁群走失了。这样的大雁非常没有安全感，一听到弓声就以为危险来了，拼命向上飞，导致伤口破裂，倒地而死。'现在，临武君曾经屡次败给秦军，就相当于故事中的惊弓之鸟，因此他不适合做三军的统帅！"

四、信陵君

（一）信陵君生平

魏公子无忌是魏昭王的小儿子，魏安釐王同父异母的弟弟。魏昭王去世后，魏安釐王即位，封无忌为信陵君。无忌公子为人仁厚、礼贤下士。无论他的宾客贫穷、富裕，有才、无才，他都以礼相待，因此很受宾客的欢迎。方圆数千里的士人都争相投靠他，最终宾客达到三千人。那个时候，各诸侯王都听说魏公子贤明、

能干，因此不敢攻打魏国。

一次，魏公子和魏王下棋，北部边境传来了报警的烽火，有人报告说："赵国向我们进攻了，赵军很快就会进入我国的领土了。"魏王马上要召集大臣商讨对策，魏公子劝阻道："这只是赵王出行打猎，并不是侵犯我们国家。"魏王问道："你怎么知道呢？"答说："我的宾客中有对赵王活动了解的人，赵王做什么事情他都会提前告诉我，所以我能知道赵王的许多行踪。"魏王很惊讶，自此不敢把国事过多地交给魏公子处理。

魏国有个叫侯嬴的隐士，已经七十多岁了。因为家境贫穷，不得不到大梁的夷门看守城门维持生计。公子听说他是个很有才干的贤士，就去拜访他。还想送给他一些东西，帮助他度过艰难时日。但侯嬴非但不肯接受，反而推辞道："我保持清廉高洁已经几十年了，不会因为贫穷而接受您的馈赠的。"魏公子见他坚持不肯接受，就举办了一个盛大的宴会。等其他客人都入座以后，魏公子把左边的上位留了出来，亲自带着车马随从，去夷门迎接侯赢。侯赢整理了一下自己破旧的衣服、帽子，直接坐在了左边尊贵的位子上，丝毫没有谦让，还偷偷用眼睛看了看公子的表情。只见魏公子认真地握着马缰绳，态度非常谦恭。他又对公子说："我有个朋友在市场卖肉，我想去看看他。"公子立即驱车来到了市场。侯赢和那个卖肉的攀谈起来，还故意喋喋不休，拖延时间。他又用眼睛暗自观察魏公子的态度，只见魏公子面如静水，安静耐心地在一旁等着他。他这才与卖肉的朋友告别，随魏公子赴宴。到了宴会，魏公子把他请到了上座，并把宾客们一一介绍给他，宾客们都很吃惊。一会儿，魏公子又举着酒杯向侯赢敬酒。侯赢对魏公子说："今天够难为你了，以你的身份竟然亲自来夷门接我，

有些地方你虽然不适合去但也去了。不过话说回来，我这也是为了你的好名声。你站在市场的时候，大家都围着你看，你的态度那么谦逊，大家都说你礼贤下士。"自此，侯嬴被魏公子奉为上宾。

侯嬴对魏公子说："那天在市场和我谈话的那个卖肉的人也是贤士，只是没有人了解他，所以才隐居起来。"魏公子听说以后去拜访那个卖肉的朋友好几次，但他却一次也不回访，这让魏公子感到很奇怪。

魏安釐王二十年，秦、赵战争，秦昭王在长平大破赵军。秦军围攻邯郸，邯郸告急，屡次向魏求救，魏王派将军晋鄙领兵十万前往救援。

秦王得知后对诸侯们说："我马上就会战胜赵国，有敢发兵救援的，我打败了赵国后就会首先攻打这个国家。"魏王很害怕，让晋鄙把军队驻扎在邺县，名义为救赵，实际在观望两国战事的发展。

邯郸的战事愈加危急，平原君派人责怪魏公子说："我当初之所以和你们结为亲家，是听说你为人高尚，能在别人需要帮助的时候伸出援助之手。现在邯郸城朝不保夕，你怎么一点都无动于衷呢？况且，即使你不在意我的生死，难道你不关心你的姐姐吗，你愿意看到你的姐姐成为别人的俘虏吗？"魏公子很惭愧，多次劝说魏王发兵，但都没有结果。魏公子知道不能劝说魏王改变主意，决定亲率宾客救援赵国。

魏公子路过夷门，又去拜访了侯嬴，还把自己慷慨赴死的决心告诉了他。侯嬴对魏公子说："公子保重，我不能和你一同去了。"魏公子向前走了一段路，心里暗暗思忖："我对侯嬴向来很好，这次离开魏国生死难料，他怎么连一句话都没送给我呢？"于是，公子又跑回去见侯嬴。侯嬴对公子说："我知道公子一定会回来找我的。"

"为什么呢？"

"公子待我不薄，临行时我竟无语相赠，所以公子一定会感到疑惑，然后回来找我。"

"那先生有什么高见呢？"

侯嬴支开身边的人，悄悄地对魏公子说："我听说晋鄙的兵符就在魏王的主卧室内，他现在非常宠幸如姬，所以如姬可以自由地出入魏王的主卧室。当初如姬的父亲被人杀害，她含恨三年，到处找人替她报仇。后来，她哭着求你，是你让你的宾客杀了她的仇人，她才大仇得报。她一直记得你的恩情，就是没有机会报答罢了，一旦有机会报答你，即使让她赴死，她也会在所不辞。所以，你可以求她帮你去魏王的卧室偷出兵符，手持兵符就可以取得晋鄙的兵权。然后，公子可以率兵北救赵、西破秦，这不是和春秋五霸一样的功业吗？"于是，魏公子便请求如姬帮他偷出兵符。

魏公子拿到兵符，马上赶往晋鄙军营。侯嬴对他说："大将在外领兵打仗，君主的命令有时可以不接受，将军可以根据战事的需要做出适时的调整。我的朋友，就是那个卖猪肉的朱亥可以和你一起去，他力大勇猛，晋鄙肯交出兵权当然好，一旦他不肯交出兵权，就让朱亥杀了他。"魏公子听完侯嬴的话，不由得伤心地哭了起来。侯嬴问道："公子为什么哭呢，是怕死吗？"魏公子回答道："晋鄙是魏国叱咤风云的老将，他一定不会轻易把兵权交给我的，到时候我将不得不杀死他。我是在为他流泪，而不是自己怕死！"两人商议完毕，魏公子去市场请朱亥，朱亥笑着说："我只是一个在市场卖猪肉的，公子却屡次屈尊拜访。以前我不回访是觉得那些都是小礼节，不需要太在意。现在公子有难，正是需要我的时候，我将竭尽全力帮助公子。"于是朱亥和魏公子同行。魏公子出

发之日，侯嬴对公子说："我本来也应该和公子一起出发，但是我年纪太大，不能和你一起去了。我会计算着你出行的日期，等你到达晋鄙军中的时候，我会向着北方自杀，以此报答公子的知遇之恩。"于是，魏公子等人出发了。

魏公子一行人来到邺县，假传魏王的命令，想要代替晋鄙，取得兵权。晋鄙果然有所怀疑："我率领十万大军驻扎在边境上，这是国家的重任，魏王怎么会如此草率地派你来接替我呢？"朱亥见晋鄙不信任公子，掏出藏在袖子里的四十斤的铁锥，快步上前杀死了晋鄙。公子顺利地接管了晋鄙的军队，然后传令说："父亲和儿子都在军中的，父亲可以回国；哥哥和弟弟都在军中的，哥哥可以回国；家里只有一个儿子，没有其他养老的人也可以回国。"最终剩下八万人的敢死队，公子率领他们攻打秦国。秦军被迫撤退，邯郸得救，赵国得以幸存下来。赵王和平原君亲自到边界上迎接魏公子，平原君为魏公子背着箭袋在前面引路。赵王对着魏公子拜了两次，说："自古以来的贤人没有谁能比得上公子您啊！"从那以后，平原君不再敢把自己和魏公子进行比较了。侯嬴也履行了他的诺言，在感觉公子已经到达晋鄙军队的时候自杀了。

公子偷了魏王的兵符，杀死了他的大将，魏王因此很生气。因为害怕魏王追究他的责任，所以在打退秦军，解救赵国之后，魏公子派别的将领将军队带回了魏国，自己则留在了赵国。公子窃符救赵，赵孝成王因此非常感激他，和平原君商量着想把赵国的五座城池封给魏公子。公子听说了这件事，非常得意，觉得自己确实立了很大的功劳。他的宾客劝他说："有些事情是应该忘记的，有些事情是不应该忘记的。当别人对您有德时，您不能忘记；当您对别人有恩惠时，

您还是忘了吧。何况您杀了晋鄙，夺了他的兵权，虽然救了赵国，对赵国有恩，但您对魏国是不忠的啊。公子竟然还自鸣得意，我认为这是不应该的。"公子听了他的话，醒悟过来，惭愧得无地自容。

为了答谢魏公子，赵孝成王决定宴请他。当天，赵王特意扫撒街道，亲自出来迎接魏公子，邀请他从代表尊贵的大殿西边的台阶上殿。而魏公子则很谦逊，推说自己诚惶诚恐，自己既有负于魏国，对赵国也谈不上有功。然后，谦虚地侧着身子从东边的台阶走了上去。赵王和公子喝酒谈话，直到深夜。公子不断地自责，使赵王都没有机会提及送给他五座城池的事。最终，魏公子留在赵国，赵王送给他一个县城作为日常开支之用。后来，魏王原谅了魏公子，又把信陵的称号给了他，但魏公子仍然留在赵国，不敢回国。

公子听说赵国有个志向高洁、终身不仕的毛公混迹在一群赌徒之中，还有个才情高尚的薛公隐居在一个酒家之中。公子很想拜访这两个人，可每次去都空手而归。原来他们是有意避开公子，不想与公子见面。后来，公子打听到他们的住处，换了衣服悄悄去找他们，才得以和他们相见，成为朋友。平原君听说了这件事，对他的夫人说："以前，我还以为夫人的弟弟是天下无双的贤人，现在才知道，原来他只是愿意和一些酒肉之徒瞎混的平庸之辈。"夫人把丈夫平原君的话告诉了弟弟，弟弟立即向姐姐辞别，还要离开赵国。他不无感慨地说："当初，我听说平原君是个大贤之人，才会偷兵符、杀大将、救赵国。可现在看来，平原君结交士人，只为贪图虚名，

并不是真心爱惜人才。我在大梁的时候就听说毛公、薛公这两个人是圣贤之人，一直没有机会见面请教。这次来到赵国，就怕见不到他们。我去拜访他们，还担心他们嫌我才疏学浅、流于世俗而不屑于和我交往。现在平原君竟然认为我和他们交往是一件很让人羞愧的事情，因此可以看出平原君并不是一个值得结交的人。"夫人把魏公子的话转告给平原君，平原君觉得很惭愧，摘下帽子向魏公子道歉，并坚持让魏公子留下来。平原君门下的宾客听说了这件事，有一半人离开了他而转投到魏公子门下，因此魏公子宾客的数量大大超过了平原君。

魏公子在赵国住了十年，没有回过魏国。秦国听说魏公子留在赵国，便想趁机攻打魏国。魏王很担心，派人去请魏公子回国。公子怕魏王因为过去的事情而记恨他，所以告诫门下的人说："有敢为魏国使者通报的人，我会处死他。"

公子原来的宾客都跟随他背叛魏国来到赵国，因此没有人敢劝公子回国。毛公、薛公听说了这件事，来拜访公子，劝他说："公子之所以被赵国重视，在诸侯国当中享有名望，是因为有魏国。现在秦军攻打魏国，而公子竟然丝毫不为其担忧。假如秦军真的打败魏国，占领魏国的都城大梁，毁坏魏国先王的宗庙，您将有什么面目生活在这个世界上呢？"话还没有说完，公子的脸色就变了，立即吩咐人准备车马，赶回魏国。

魏王见到魏公子，激动地哭了起来，公子也激动不已。魏王封公子为大将军，让他率领全国的军队抗击秦军。各诸侯国听说魏公子又回到魏国领兵打仗，纷纷派兵支援。公子率领五个国家的军队在河外大破秦军，秦国的将领蒙骜慌忙逃跑。接着，公子又乘胜追到函谷关，秦国的士兵都闭门不敢出战。那时候，魏公子的威信名扬天下。

因为魏公子的原因，秦国吃了败仗。秦王因此憎恨魏公子，想寻找办法除掉他。他派人用万斤的黄金到魏国行贿晋鄙的门客，让他们在魏王面前诋毁公子："公子在外面逃亡了十几年，现在又统领着魏国全国的军队，诸侯国现在都只

知道魏公子不知道有魏王了。有很多诸侯王都想拥立公子做魏王，魏王您可要小心哪！"刚开始魏王并不相信这些小人的谗言，但时间久了，魏王也就渐渐地相信了。他罢掉公子的兵权，派别人取代了他的位置。魏公子知道魏王因别人的诋毁而不信任他，害怕魏王继续加害他，所以推说自己有病，回家"休养"起来。他天天在家和宾客们喝酒、嬉戏，沉迷于声色犬马。四年以后，他日渐消瘦，最后竟死于酒色。同年，魏王也死了。

秦国听说魏公子死了，又派兵攻打魏国，魏军大败。后来，秦国一点点蚕食魏国的土地，十八年后，俘虏了新的

魏王，血洗了魏国的国都。

（二）信陵君攻打管地

魏国进攻秦国的管地，很长时间也没有取得胜利，安陵人缩高的儿子带领管地军民誓死抵抗。信陵君派人对安陵君说："希望你能派缩高去攻打管地，趁机劝说他的儿子投降魏国。事成以后，我会封他五大夫的爵位，还会给他持节尉的职位。"安陵君很为难地说："安陵是个小国家，没有权力强令百姓做什么。我只能派人带你们去找缩高，你们自己和他说吧。"使者找到了缩高，说明了来意。缩高说："感谢信陵君看得起我，让我担当重任。可是，儿子做守卫、父亲去攻打，这样的事情不是让天下人笑话吗！如果我顺利攻下管地，我的儿子就会有负于他的君主。作为父亲，竟然让自己的儿子背叛君主，我认为这并不是一向讲求仁义的信陵君愿意看到的事情。所以，我才再三推辞，相信信陵君能够理解我的苦心。”

使者回到魏国，把缩高的话告诉了信陵君。信陵君非常生气："这缩高竟然如此不识抬举！"信陵君立刻派人到安陵对安陵君说："安陵是一个小国，一向依靠魏国才得以保全下来。因此安陵也相当于魏国的领土。现在魏国进攻管地，一直没有取得胜利。如果秦军趁这个时候进攻魏国，魏国就会有危险。所以，希望你能把缩高绑起来，去劝说他的儿子投降。否则，我将派十万精兵血洗安陵，你还是好好考虑考虑吧！"安陵君对使者说："我的先祖成侯受周襄王诏命来守

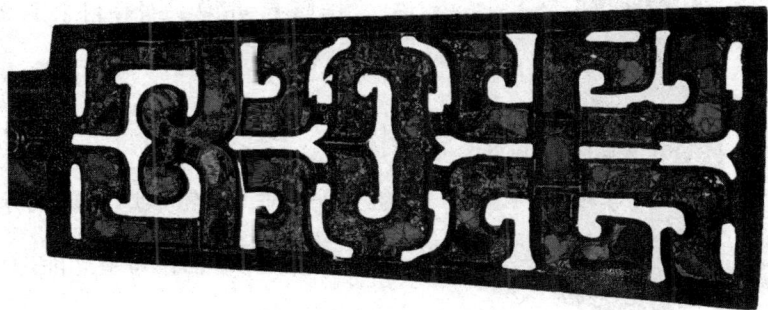

卫此地，来上任的时候还带着大府的宪文。宪文上说'儿子杀父亲、臣子杀君主，即使有情可原也不能免于刑罚。纵然赦免了整个国家的罪犯，也不能赦免这样的人！'现在缩高几次推辞信陵君的美意，是想成全他们的父子之义，而信陵君却一定要强迫我用缩高的生命来胁迫他的儿子，这不是让我违背宪文的规定吗，所以我是万万不能这样做的！"

缩高听说了这件事，知道信陵君是言必行、行必果的人。为成全自己的父子之义，竟然给安陵国带来如此大的危机，缩高觉得非常愧疚。他找到信陵君的使者，劝说信陵君放弃血洗安陵的打算，并以死谢罪。

信陵君听说了缩高自杀的义行，亲自穿上孝服为缩高服丧，并派人向安陵君道歉："我无忌是个小人，因为在管地的战事失利，非常焦虑国家的未来，所以才和您说错了话，希望您能原谅我！"